Einfach

richtig schreiben 2

mit Clown Charlie

Erarbeitet von
Dr. Ute Spiegel, Augsburg

Beratung von
Beate Eckert-Kalthoff (München)
Dr. Simone Hell (Dillingen)

Ernst Klett Verlag
Stuttgart • Leipzig

Themen/Inhalte

- Formgenau und gleichmäßig: Sorgfältiges Schreiben ... 4
- Formgenau und gleichmäßig: Wörter mit **Sch/sch** ... 5
- Formgenau und gleichmäßig: Wörter mit **ch** ... 6
- Wörter: Fehlerloses Abschreiben ... 7
- Abc: Buchstaben und Namen ... 8
- Abc: Vokale und Konsonanten ... 9
- Silben: Silbengrenzen ... 10
- Silben: Silbenkern ... 11
- Silben: Silbenkerne **au**, **ei**, **eu** ... 12
- Silben: Übungen zu **au**, **ei**, **eu** ... 13
- Silben: Offene und geschlossene erste Silbe ... 14
- Silben: Vokalqualität ... 15
- Silben: Übungen zur Vokalqualität ... 16
- Silben: Normales Betonen ... 17
- Silben: Zweite Silbe ... 18
- Silben: Übungen zur zweiten Silbe ... 19
- Zweite Silbe: Wörter mit -**er** am Ende ... 20
- Test 1: Abc und Silben ... 21
- Weiterüben nach Test 1 ... 22
- Sätze: Fehlerloses Abschreiben ... 23
- Sätze und Satzschlusszeichen: Sinneinheit Satz ... 24
- Sätze und Satzschlusszeichen: Aussage, Frage, Ausruf ... 25
- Nomen und Artikel ... 26
- Nomen: Einzahl und Mehrzahl ... 27
- Nomen: Übungen ... 28
- Test 2: Sätze und Nomen ... 29
- Weiterüben nach Test 2 ... 30
- Verwandte Wörter ... 31
- Wortstamm ... 32
- Umlaute **Ö/ö** und **Ü/ü**: Ableitungen ... 33
- Umlaute **Ä/ä** und **Äu/äu**: Ableitungen ... 34
- Umlaute **Ä/ä** und **Äu/äu**: Übungen ... 35
- Test 3: Verwandte Wörter, Wortstamm, Umlaute ... 36
- Weiterüben nach Test 3 ... 37
- Wörter mit **Sp/sp** ... 38
- Wörter mit **St/st** ... 39
- Wörter mit **ng** ... 40
- Wörter mit **B/b**, **D/d**, **G/g** und **P/p**, **T/t**, **K/k** ... 41
- Wörter mit **B/b**, **D/d**, **G/g** und **P/p**, **T/t**, **K/k**: Übungen ... 42
- Verben und Endungen ... 43
- Verben: Wortstamm und Wortbausteine ... 44
- Verben: Übungen ... 45

Themen/Inhalte

- Zweite Silbe: Verben 46
- Wörter mit **ie**: Silbenende 47
- Wörter mit **ie**: Übungen 48
- Wörter mit **ie** im Unterschied zu Wörtern mit **i** 49
- Umgang mit Fehlern: Berichtigen 50
- Test 4: Harte/weiche Konsonanten, Verben, Wörter mit **ie** 51
- Weiterüben nach Test 4 52
- Adjektive 53
- Adjektive und Endungen 54
- Zusammengesetzte Nomen 55
- Verwandte Wörter und Wortstamm: Wiederholung 56
- Auslautverhärtung: Verlängern und silbisches Sprechen 57
- Auslautverhärtung: Übungen 1 58
- Auslautverhärtung: Übungen 2 59
- Wörter mit **Pf**/**pf** 60
- Wörter mit **nk** 61
- Test 5: Adjektive, Auslautverhärtung, Berichtigen 62
- Weiterüben nach Test 5 63
- Zweite Silbe: Wiederholung 64
- Offene und geschlossene erste Silbe: Wiederholung 65
- Vokalisiertes **r**: Lautliche und silbische Durchgliederung 66
- Vokalisiertes **r**: Übungen 67
- Wörter mit **ie**: Wiederholung 68
- Doppelkonsonant: Abschluss der Silbe 69
- Doppelkonsonant: Übungen 70
- Umgang mit Fehlern: Nachdenken über Schreibweisen 71
- Umgang mit Fehlern: Differenzierte Übungen 72
- Test 6: Vokalisiertes **r**, Doppelkonsonant, Berichtigen 73
- Weiterüben nach Test 6 74
- Besondere Wörter 75
- Besondere Wörter mit stummem **h** 76
- Besondere Wörter mit **V**/**v** 77
- Besondere Wörter mit **ß** 78
- Besondere Wörter mit **ai** für „ei“, **Qu** und **x** 79
- Besondere Wörter mit **C** und **y** 80
- Besondere Wörter mit **tz** 81
- Besondere Wörter mit **ck** 82
- Test 7: Besondere Wörter, Fehler finden und berichtigen 83
- Weiterüben nach Test 7 84
- Das Abc: Nachschlagen 85
- Verbindlicher Wortschatz: Individuell erweiterbar 86

Wie schreiben die Kinder?

1 Vergleiche die Schrift der Kinder. Kreuze an, was stimmt.

Ich heiße Mehmet und spiele gerne Fußball.

Ich heiße Lena und male gerne.

Ich heiße Tom und lese gern.

	Mehmet	Lena	Tom
Schreibt gleichmäßig.	☐	☐	☐
Schreibt über die Zeilen.	☐	☐	☐
Die Buchstaben wackeln.	☐	☐	☐
Kann man nur schwer lesen.	☐	☐	☐
Kann man gut lesen.	☐	☐	☐

2 Schreibe in deiner schönsten Schrift einen Satz über dich.

3 Bist du mit deiner Schrift zufrieden? ☐ Ja ☐ Nein

4 Kreuze an, worauf du beim Schreiben besonders achten willst.

Meine Vorsätze für eine schöne Schrift

- ☐ Ich schreibe genau in die Zeilen.
- ☐ Ich schreibe gleichmäßig in eine Richtung.
- ☐ Ich drücke nicht zu fest mit dem Stift auf.
- ☐ Ich lasse genügend Abstand zwischen den Wörtern.
- ☐ Meine Buchstaben sind gut lesbar.

Arbeitstechnik: zeilengenau und gleichmäßig schreiben, auf gute Lesbarkeit achten; eigene Handschrift einschätzen und Vorsätze zur Entwicklung einer formschönen und flüssig geschriebenen Handschrift fassen

Formgenau und gleichmäßig: Wörter mit Sch/sch

1 Spure den Satz nach.

Schule ist schön.

2 Kreise in jedem Wort das **Sch/sch** ein.

frisch	scheinen	schneiden	
Tasche	Tisch	Schule	Schere
schreiben	Schüler	schön	

3 Schreibe die Wörter aus Aufgabe 2 ab.

4 Kreise jedes **Sch/sch** ein. Schreibe die Sätze ab.

In der Schule steht die Tasche neben dem Tisch.

In unserer Klasse sind wir ______ Schüler.

Wir schreiben schön.

5 Bist du mit deiner Schrift zufrieden? ☐ Ja ☐ Nein

Arbeitstechnik: Schreibmotorik verfeinern, Fortschritt bei der eigenen Handschrift einschätzen; Wörter mit Sch/sch aus dem Grundwortschatz richtig schreiben

Formgenau und gleichmäßig: Wörter mit ch

1 Spure die Sätze nach.

Ich brauche noch Zeit.

Die Aufgabe ist leicht.

Wir machen diese Woche tolle Sachen.

2 Kreise in jedem Wort das **ch** ein.

brauchen	nicht	machen	
leicht	sprechen	hoch	Woche
suchen	lachen	Gedicht	

3 Schreibe die Wörter aus Aufgabe 2 ab.

4 Schreibe fünf kurze Sätze mit Wörtern aus Aufgabe 2.

5 Bist du mit deiner Schrift zufrieden? ☐ Ja ☐ Nein

Arbeitstechnik: Schreibmotorik verfeinern, Fortschritt bei der eigenen Handschrift einschätzen; Wörter mit ch aus dem Grundwortschatz richtig schreiben

Wörter: Fehlerloses Abschreiben

So schreibst du Wörter genau ab:

- Lies das Wort. Sprich es in Silben.
- Sprich deutlich und betone normal.
- Markiere schwierige Stellen.
- Merke dir das Wort.
- Schreibe das Wort auswendig.
- Kontrolliere mit der Vorlage.

1 Diese kleinen Wörter brauchst du oft. Beachte die Tipps und schreibe sie ab.

aber	weil	bei	dich	durch	für	dir	her
nein	ja	nach	mit	und	oder	nicht	wir

2 Schreibe die Wörter sorgfältig und richtig ab. Beachte die Tipps.
Markiere die schwierigen Stellen.

singen	Sport	lernen	Füller	Klasse
Chor	groß	Computer	zählen	sieben

3 Wie gut kannst du schon abschreiben? ☐ ☺ ☐ 😐 ☐ ☹

4 Schreibe jeden Tag fünf Wörter aus dem Wörterverzeichnis ab.
Beachte die Tipps.

Arbeitstechnik: planvoll und fehlerlos einzelne Wörter von einer Vorlage abschreiben; eigene Lernerfolge bewerten und Lernstrategien festlegen; Wörter aus dem Häufigkeitswortschatz richtig schreiben

ABCDE
wenn ich in die Schule geh,
FGHIJ
lern ich gern und flott,
KLMNO
bin ich ganz schön froh:
PQuRST
Ich kann das Abc.
UVWXYZ
Das find ich richtig nett!

1 Ergänze die fehlenden Buchstaben des Abc.

A __ C D __ __ G H __ J K __ M __ O P __ __ S T __ V __ X Y __

2 Wie heißen die Nachbarbuchstaben? Trage sie ein.

3 In jeder Buchstabenreihe fehlt in der Reihenfolge des Abc ein Buchstabe. Schreibe ihn auf.

1	D	E	F	H	I	J

2	A	B	C	D	F	G	H

3	O	P	Qu	R	T	U

4	G	H	J	K	L	M

5	B	D	E	F	G	H

6	E	F	G	I	J	K

7	Qu	R	S	U	V	W

Das Lösungswort heißt:

1	2	3	4	5	6	7

4 Wähle sechs Kinder aus deiner Klasse. Schreibe ihre Vornamen nach dem Abc geordnet auf.

1 Trage die Buchstaben in die Tabelle ein.

A B C D **E** F G H **I** J K L M N **O** P Qu R S T **U** V W X Y Z

gelbe Buchstaben	graue Buchstaben

2 Suche in den Wörtern die gelben Buchstaben aus deiner Tabelle. Markiere sie.

Apfel | Banane | Birne | Gurke | Karotte | Kiwi

Kürbis | Melone | Paprika | Tomate | Weintrauben

Ein gelber Buchstabe heißt Vokal: *a, e, i, o, u*.
Besondere Vokale heißen Umlaute: *ä, ö, ü*.
Ein grauer Buchstabe heißt Konsonant: … *k, l, m, n* … .

3 Vergleiche mit den Wörtern aus Aufgabe 2. Setze die richtigen Vokale ein.

 P__pr__k__  M__l__n__  G__rk__

W____ntr____b__ ___pf__l K__rb__s B__rn__

4 Bilde neue Wörter. Lass dazu den ersten Konsonanten weg. Womit beginnen die Wörter jetzt?

Hals		Hecht		List	
loben		rund		Zimmer	

Vokale und Umlaute von Konsonanten unterscheiden; Vokale und Konsonanten in Wörtern erkennen; ersten Einblick in das silbische Prinzip erhalten

Silben: Silbengrenzen

1 Sprich die Wörter deutlich und in Silben. Wenn du eine Pause machst, ist eine Silbe zu Ende. Zeichne einen Strich ein.

hö|ren	basteln	rechnen
reden	lernen	falten
malen	fragen	turnen

2 Schreibe die Wörter ab. Setze die Silbenbögen.

hören

3 Markiere die Vokale.

4 Zeichne die Silbengrenzen ein.

Fül|ler	Hefte	Bleistift	Farbstift	Lesebuch
Mäppchen	Schulranzen	Bücher	Buntstifte	
Filzstifte	Heftumschlag	Lineal	Turnbeutel	

5 Schreibe die Wörter ab. Setze die Silbenbögen. Markiere die Vokale.

6 Wähle drei Wörter aus Aufgabe 4 und schreibe jeweils einen Satz.

Silbengrenzen erkennen, Wörter silbisch durchgliedern; Vokale in den Silben erkennen und markieren; Arbeitstechnik: planvoll und fehlerlos abschreiben

Silben: Silbenkern

1 Setze die Silbenbögen.

Ente | Blume | Löwe | Wolf | Tomate | Hase

Gemüse | Gras | Hund | Fisch | Regenwurm

2 Trage die Wörter in die Tabelle ein. Setze die Silbenbögen.

1 Silbe	2 Silben	3 Silben
	Ente	

3 Markiert die Vokale. Was fällt euch auf?

4 Was hast du herausgefunden? Kreuze an.

- ☐ In jeder Silbe ist ein e.
- ☐ In jeder Silbe ist genau ein Vokal.
- ☐ In jeder Silbe ist genau ein Konsonant.

Jede Silbe braucht genau einen ____________.
Er ist der Silbenkern: Blume.

5 Hat jede Silbe einen Silbenkern?
Überprüfe auch bei diesen Wörtern.

Buch | Dose | Telefon | Regen

Salz | Schule | Blüte | Kiste

So gehst du vor:
1. Sprich in Silben.
2. Setze die Silbenbögen.
3. Markiere den Vokal.

Vokale als Silbenkern bestimmen; Routine: Silbenbögen setzen, Vokale und Konsonanten markieren; Sprache gezielt untersuchen: Ko-Konstruktion (Partnerarbeit)

Die hat aber schöne Augen, die Eule.

Stimmt. Aber: Da sind ja zwei Vokale in einer Silbe – Auge, Eule!

1 Trage die Wörter in die Tabelle ein. Setze die Silbenbögen.

Leute | Auto | Ei | Aufgabe | Eis | Raupe | Zeit | Euro

au	ei	eu
		Leute

2 Ordne die Wörter nach Silben.

eine Silbe ◡

zwei Silben ◡◡

drei Silben ◡◡◡

3 Markiert **au**, **ei**, **eu**. Was fällt euch auf?

4 Was hast du herausgefunden? Kreuze an.

☐ **Au**, **ei**, **eu** stehen zusammen in einer Silbe.
☐ **Au**, **ei**, **eu** sind fest miteinander verbunden.
☐ **Au**, **ei**, **eu** bilden zusammen den Silbenkern.

Au, **ei**, **eu** heißen Zwielaute. Sie stehen fest zusammen und zählen als ein verbundener Vokal. Deshalb bilden auch sie einen Silbenkern: ***Auto*** – ***Seife*** – ***Leute***.

au, ei, eu als Vokale (Zwielaut) und damit als Silbenkerne erkennen; Wörter nach Silbenanzahl sortieren; Sprache gezielt untersuchen: Ko-Konstruktion (Partnerarbeit)

Silben: Übungen zu au, ei, eu

1 Setze die Silbenbögen und markiere die Vokale.

kneifen | Auge | Eule | freuen | neu | blau | Ameise

heulen | klein | reisen | zwei | brauchen | Maus | Heu

Steuer | heute | kaufen | Seife | Frau | fein

2 Ordne die Wörter aus Aufgabe 1.

au

eu

ei

3 Wähle vier Wörter aus und schreibe mit ihnen kurze Sätze.

Wörter mit au, ei, eu aus dem Grundwortschatz richtig schreiben; Routine: Silbenbögen setzen, Vokale markieren

1 Schreibe die Wörter in beiden Spalten getrennt auf.
Markiere in jeder ersten Silbe den Vokal und die Konsonanten.

Gruppe 1		Gruppe 2	
Tante	Tan-te	Tage	
Wolke		Hose	
Ende		Nebel	
Kiste		Blume	

2 Vergleicht alle ersten Silben. Wie unterscheiden sich die Wörter aus den Gruppen 1 und 2?

3 Was hast du herausgefunden? Kreuze an.

- ☐ Die erste Silbe in Gruppe 1 endet immer mit einem Vokal.
- ☐ Die erste Silbe in Gruppe 1 endet immer mit einem Konsonanten.
- ☐ Die erste Silbe in Gruppe 2 endet immer mit einem Vokal.
- ☐ Die erste Silbe in Gruppe 2 endet immer mit einem Konsonanten.

Wenn die erste Silbe mit einem ____________ endet, heißt sie offene Silbe: *D**o**-se*. Wenn die erste Silbe mit einem ____________ endet, heißt sie geschlossene Silbe: *Ta**s**-te*.

4 Setze die Silbenbögen. Markiere in jeder ersten Silbe den Vokal und die Konsonanten.

Dose | Ente | Garten | Name | Winter | Opa | Blüte

5 Trage die Wörter in eine Tabelle ein.

offene 1. Silbe	geschlossene 1. Silbe

Unterscheidung offene und geschlossene erste Silbe: Vokale und Konsonanten erkennen, Silbenkerne bestimmen; Sprache gezielt untersuchen: Ko-Konstruktion (Partnerarbeit)

Silben: Vokalqualität

1. Setze die Silbenbögen. Markiere in jeder ersten Silbe die Vokale und die Konsonanten.

| Tante | Tage | Esel | Ende | Wichtel | Wiesel |
| Sofa | Soldat | Schule | Schulter |

2. Ergänze die Tabelle.

Vokal in der 1. Silbe	offene 1. Silbe	geschlossene 1. Silbe
a		
e		
ie/i		
o		
u		

3. Wie klingen die Vokale in den ersten Silben? Vergleiche und kreuze an, was für dich passt.

- ☐ In der offenen Silbe klingt der Vokal klarer und deutlicher.
- ☐ In der offenen Silbe klingt der Vokal länger.
- ☐ In der geschlossenen Silbe klingt der Vokal undeutlicher.
- ☐ In der geschlossenen Silbe klingt der Vokal kürzer.

4. Setze die richtigen Vokale ein.

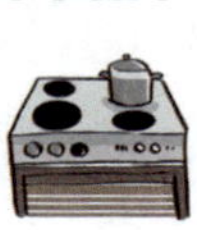 K__che  K__ste

 K__rche  H__nd

Klangqualität gleichgeschriebener Vokale unterscheiden; sich über eigene Klangwahrnehmungen austauschen (Ko-Konstruktion)

Silben: Übungen zur Vokalqualität

1 Trage die Wörter in die richtige Spalte ein.

Rechnung

Wörter mit **e** in der ersten Silbe

offene 1. Silbe	geschlossene 1. Silbe

Pumpe

Muster

Stunde

Wörter mit **u** in der ersten Silbe

offene 1. Silbe	geschlossene 1. Silbe

Onkel

Wörter mit **o** in der ersten Silbe

offene 1. Silbe	geschlossene 1. Silbe

Früchte

Küste

Wörter mit **ü** in der ersten Silbe

offene 1. Silbe	geschlossene 1. Silbe

Üben: Klangqualität gleichgeschriebener Vokale unterscheiden, Wörter nach offener und geschlossener erster Silbe sortieren

1 Setze die Silbenbögen.

Auto	Löwe	rufen	Schere	Ente	haben	Name
Oma	Blüte	baden	Seife	finden	Leute	

2 Sprich die Wörter aus Aufgabe 1. Welche Silbe betonst du stärker?

Unterstreiche sie: Auto

3 Was hast du herausgefunden? Kreuze an.

☐ Bei Wörtern mit zwei Silben wird die erste Silbe betont.
☐ Bei Wörtern mit zwei Silben wird die zweite Silbe betont.

4 Ist das immer so? Untersuche diese Wörter: Setze die Silbenbögen und unterstreiche die betonte Silbe.

Rabe	Raupe	Opa	rechnen	Ende	reden	Regen
rufen	herum	Tante	Wolke	wünschen		

Dieses Wort wird auf der zweiten Silbe betont: ____________

5 Sprich diesen Satz. Unterstreiche in allen Wörtern die Silbe, die stärker betont ist.

Kinder laufen die hohen Berge hinauf.

Sprache untersuchen: lautgetreue Wörter aus dem Grundwortschatz silbisch mitsprechen und auf natürliche Betonung achten; Schlüsse ziehen: Betonung liegt meist auf der ersten Silbe

Silben: Zweite Silbe

1 Setze die Silbenbögen.

liebe Hunde | braune Hasen | schwarze Raben | gelbe Löwen
bunte Vögel | kleine Mäuse | große Pferde | weiche Schafe
sture Esel | grüne Enten

2 Schreibe die zweite Silbe getrennt auf.

lie- *be* Hun- *de* brau- ___ Ha- ___

schwar- ___ Ra- ___ gel- ___ Lö- ___

bun- ___ Vö- ___ klei- ___ Mäu- ___

gro- ___ Pfer- ___ wei- ___ Scha- ___

stu- ___ E ___ grü- ___ En- ___

3 Markiert in jeder zweiten Silbe den Vokal und die Konsonanten.
Was fällt euch auf?

Die zweite Silbe beginnt mit einem ______________.
Dann folgt ein __________.
So sieht bei vielen Wörtern die zweite Silbe aus:
*Hun-**de**, Mäu-**se**, Scha-**fe**.*

zweite Silbe bei Nomen und Adjektiven aus dem Grundwortschatz untersuchen; Schlüsse ziehen: zweite Silbe im Deutschen meist Konsonant + -e

Silben: Übungen zur zweiten Silbe

1 Untersuche die Wörter: Setze die Silbenbögen und markiere in jeder zweiten Silbe den Vokal und die Konsonanten.

baden | Wurzel | dunkel | finden | holen | Gabel

Onkel | Nadel | rufen | wünschen

2 Trage die Wörter aus Aufgabe 1 getrennt in die Tabelle ein.

Konsonant + **en**	Konsonant + **el**
ba-den	

3 Markiert in jeder zweiten Silbe den Vokal und die Konsonanten. Was fällt euch auf?

4 Was hast du herausgefunden? Kreuze an.

☐ Die zweite Silbe endet mit den Konsonanten **n** oder **l**.

☐ Die zweite Silbe beginnt mit einem Konsonanten; dann kommt **e**.

5 Finde im Wörterverzeichnis mindestens zehn Wörter mit -**en**.

Üben: zweite Silbe untersuchen und richtig schreiben; Schlüsse ziehen: zweite Silbe auch Konsonant + -en oder -el; Routine: Silbenbögen setzen, Vokale und Konsonanten markieren

1 Setzt die Silbenbögen und unterstreicht -**er**.
Was fällt euch bei der zweiten Silbe auf?

Bruder | Fenster | Schwester | Feder | Vater | Winter

2 Was hast du herausgefunden? Kreuze an.

- ☐ An der zweiten Stelle steht wie immer ein **e**.
- ☐ In der zweiten Silbe sind immer zwei Vokale.
- ☐ Am Ende des Wortes klingt es wie **a**, aber nach dem **e** kommt ein **r**.

3 Schreibe die Wörter auf. Finde die Reimwörter. Kreise -**er** ein.

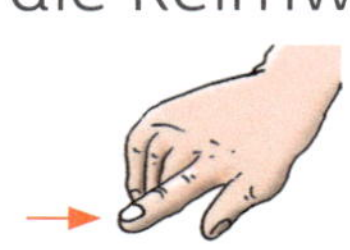

Mutter	Finger	R
B	R	L
K	Spr	w

4 Ordne die Wörter nach der zweiten Silbe: Wörter mit -**der**, -**ger**, -**ter**.
Sprich sie deutlich und betone normal.

Gewitter | Feder | breiter | länger | jünger | später

Ruder | Leder | Ärger | Futter | Bruder | runder

zweite Silbe von Wörtern mit -er untersuchen; Routine: Silbenbögen setzen, in Silben sprechen und natürlich betonen, Vokale und Konsonanten markieren

Test 1: Abc und Silben

1 Schreibe das Abc auf.

2 Setze die Silbenbögen. Markiere alle Vokale.

baden | finden | rechnen | holen | schreiben | wünschen

3 Trage die Wörter aus Aufgabe 2 in die Tabelle ein.

offene 1. Silbe	geschlossene 1. Silbe

Ich kann schon …	ja	nein	So will ich noch üben
… das Abc.	☐	☐	das Abc aufsagen
… alle Vokale.	☐	☐	Vokale beim Schreiben einkreisen
… Silbenbögen setzen.	☐	☐	S. 22 1 2 3; 1 und 2
… offene und geschlossene Silben unterscheiden.	☐	☐	S. 22 4; 3 und 4
… meine Schreibvorsätze einhalten.	☐	☐	jeden Tag 10 Min. nach meinen Vorsätzen auf S. 4 schreiben
… alles!	☺		S. 22 5!

Überprüfen und Einschätzen des eigenen Lernerfolges zu: Abc, Vokalen, Silben, Silbenunterscheidung und Entwicklung der Handschrift; angemessene Lern- und Übungsziele setzen: über Lernen sprechen

1 Sprich die Wörter deutlich in Silben und schreibe sie getrennt auf.

Schreibe so: Bü-cher.

| Bücher | Dose | Blüte | Name | Stunde |
| kleine | kaufen | Tante | reisen | Winter |

2 Setze die Silbenbögen und schreibe die Wörter getrennt auf.

| Tücher | Hose | Hüte | Dame | Wunde | feine | raufen |

3 Setze die Silbenbögen, markiere die Vokale und trage die Wörter in die Tabelle ein.

| Oma | zwei | Krokodil | Hausaufgabe | neu | Schere |

1 Silbe	2 Silben	3 Silben oder mehr

4 Ordne die Wörter nach offener und geschlossener erster Silbe. Schreibe sie getrennt auf.

| Blume | Tante | Wolke | Regen | rechnen | malen |
| tanzen | helfen | Rabe | Kiste | scheinen | rufen |

5 Finde je drei Wörter mit einer, zwei, drei oder vier Silben.

Vertiefendes Üben zu: Silben, Silbenkern, Silbenunterscheidung und Silbenanzahl

Sätze: Fehlerloses Abschreiben

So schreibst du Sätze genau ab:

- Lies den ganzen Satz.
- Markiere schwierige Stellen.
- / Teile den Satz in Abschnitte.
- Sprich dir immer einen Abschnitt vor.
- Schreibe den ganzen Abschnitt ab.
- Kontrolliere mit der Vorlage.

1 Welchen Text traust du dir zu? Beachte die Tipps und schreibe ihn ab.

Text A

Auf einer bunten Wiese / lebt / ein roter Papagei. Er hat / einen schiefen Schnabel / und große Augen. Das sieht / lustig aus.

Text B

Auf einer Wiese voller Blumen tanzen Elfen. Ein großer Troll erschreckt sie. Schnell wie der Wind fliegen sie weg.

Arbeitstechnik: planvoll und fehlerlos ganze Sätze von einer Vorlage abschreiben

Sätze und Satzschlusszeichen: Sinneinheit Satz

1 Welche Geschichte kannst du leichter lesen und verstehen? Kreuze an.

☐ Morgens stehe ich auf dem Hund gebe ich Futter im Bad wasche ich mein Gesicht in der Küche esse ich ein Brot

☐ Morgens stehe ich auf**.** Meiner Katze gebe ich Futter**.** Im Bad putze ich die Zähne**.** In der Küche frühstücke ich**.**

2 Unterstreiche im rechten Text die Satzanfänge und kreise die Satzenden ein. Markiere danach im linken Text Satzanfänge und Satzenden.

3 Vergleicht eure Lösungen. Was fällt euch auf?

4 Was hast du herausgefunden? Kreuze an.

Ein Satz ist zu Ende, wenn …

☐ … ich mit der Stimme nach unten gehen kann.
☐ … ich beim Lesen eine Pause machen kann.
☐ … ich einen Sinn erkenne.

Wenn ein Satz zu Ende ist, setze ich einen Punkt.
Jeder Satz beginnt mit einem großen Buchstaben.

Satz als Sinneinheit erfassen, Satzgrenzen einhalten und Satzschlusszeichen setzen; Sprache gezielt untersuchen: Ko-Konstruktion (Partnerarbeit)

Sätze und Satzschlusszeichen: Aussage, Frage, Ausruf

1 Vergleicht die Sätze der Gruppen 1, 2 und 3. Was fällt euch auf?

Gruppe 1	Gruppe 2	Gruppe 3
Ich stehe auf.	Stehe ich auf?	Steh auf!
Lena singt.	Singt Lena?	Sing ein Lied!
Tom spielt.	Was spielt Tom?	Spiel mit mir!

2 Was habt ihr herausgefunden? Tauscht euch in der Klasse aus.

Wenn ich eine Frage schreibe, dann setzte ich am Ende ein Fragezeichen: *Was machst du?* *Spielst du mit mir?*
Wenn ich etwas ausrufe, dann setzte ich am Ende ein Ausrufezeichen: *Wirf den Ball! Prima!*

3 Bilde aus den Aussagesätzen Fragesätze. Markiere das Fragezeichen.

Schreibe so: Vater wartet vor der Schule. – Wartet Vater vor der Schule?

Mehmet rennt schnell.

Lena springt hoch.

Tom klettert vorsichtig.

Opa kocht gut.

4 Bilde aus den Aussagesätzen aus Aufgabe 3 Ausrufesätze. Markiere das Ausrufezeichen. Schreibe so: Vater wartet vor der Schule. – Vater, warte!

Fragen und Ausrufe als Sinneinheiten kennenlernen und anwenden; Kompetenz: mit dem Partner arbeiten – eigene Lösungen vorstellen und vergleichen.

Nomen und Artikel

1 Ordne zu.

der Name | die Nadel | das Buch | die Woche | der Opa

das Telefon | der Hase | die Ente | das Salz | das Ei

der

die

das

2 Ordne zu.

ein Rabe | eine Tante | ein Garten | eine Wolke | ein Schaf

ein

eine

Der, **die**, **das** und **ein**, **eine** sind Artikel. Wenn ich einen Artikel vor ein Wort setzen kann, muss ich es großschreiben. Solche Wörter heißen Nomen: *der Opa, die Eule, das Buch.*

3 Schreibe das Nomen mit dem Artikel **der**, **die** oder **das** auf.

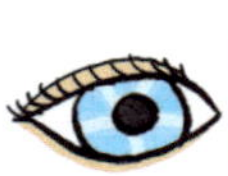

4 Prüfe mit dem Artikel und unterstreiche die Nomen.

BABY | EINE | INSEL | ONKEL | LEICHT | ZUCKER

Nomen: Einzahl und Mehrzahl

1 Schreibe die Nomen in der Einzahl und der Mehrzahl auf.

Hase | Schere | Brot | Tomate | Schule | Name | Auge

ein Hase – viele Hasen,

Nomen können in der Einzahl und in der Mehrzahl stehen:
ein Fisch – viele Fische, eine Kiste – viele Kisten.

2 Schreibe mit den Nomen kurze Sätze in der Mehrzahl.

Der Hund bellt. Die Hunde bellen.

Das Kind malt. Die

Die Oma lacht.

Der Rabe fliegt.

3 Wie heißt der Artikel in der Mehrzahl immer?

Nomen in die Mehrzahl setzen; Artikel für die Mehrzahl aller Nomen bestimmen

Nomen: Übungen

1 Schreibe vor jedes Nomen den Artikel **ein** oder **eine**.

	Seife		Stunde		Körper		Jahr
	Kleid		Monat		Kind		Käfer

2 Schreibe die Nomen aus Aufgabe 1 in der Mehrzahl mit Artikel auf.

die Seifen,

3 Finde alle Nomen und unterstreiche sie.

DER BLUME MALEN RABE HOSE EINE BADEN

GRÜN DAS EIN HEFT SUCHEN KIND KISTE

DIE REISEN WEIT FRAU NEIN STERN UND

4 Verbessere die Sätze und schreibe sie richtig auf.

das kind malt viele blumen in das heft

der rabe sucht in der kiste eine grüne hose

Üben: Nomen und ihre Artikel, Nomen mit Artikel in die Mehrzahl setzen; Nomen und Satzanfänge großschreiben, das Satzschlusszeichen setzen

Test 2: Sätze und Nomen

1 Schreibe die Sätze richtig auf und setze die Punkte.

Blumen das Schaf frisst

frisst die Gras Kuh

der Schafe Wolf frisst

2 Wie heißen die Artikel?

3 Unterstreiche die Wörter, die Nomen sind.

SCHAF BUNT BLUME WIESE LAUFEN NAME HOSE

4 Schreibe die Nomen aus Aufgabe 3 in der Mehrzahl mit Artikel auf.

die

Ich kann schon …	ja	nein	So will ich noch üben
… den Satzanfang großschreiben und am Ende einen Punkt setzen.	☐	☐	S. 30 ◇1; 13
… die Artikel.	☐	☐	Artikel auswendig lernen
… die Nomen am Artikel erkennen.	☐	☐	S. 30 ◇2
… Nomen in die Mehrzahl setzen.	☐	☐	S. 30 ◇3; 15
… alles!	☺		S. 30 ◇4; 14!

Überprüfen und Einschätzen des eigenen Lernerfolges zu: Großschreibung am Satzanfang und Satzschlusszeichen, Nomen; Strategie: Nomen erkennen; angemessene Lern- und Übungsziele setzen: über Lernen sprechen

Weiterüben nach Test 2

1 Unterstreiche die Satzanfänge und setze die Punkte.
Schreibe die Sätze richtig auf.

Er spielt Fußball _ Ich lese ein Buch _ Peter kauft ein Heft _

2 Ordne die Nomen.

Pferd	Hase	Tasche	Feder	Kind	Opa	Tisch

der	
die	
das	

3 Setze das Nomen passend in der Einzahl oder Mehrzahl ein.

 ______ *brüllt laut.*

 ______ *wandert.*

 ______ *kriecht leise.*

 ______ *springen wild.*

 ______ *jagen*  ______ .

4 Setze die Punkte. Markiere alle Wörter, die du großschreiben musst.
Schreibe den Text richtig auf.

eine frau kauft gemüse für
oma und opa sucht sie
blumen die tomaten in der
kiste sind schön

Vertiefendes Üben zu: Großschreibung am Satzanfang, Satzschlusszeichen; Sprachgefühl erproben; Strategie: Nomen erkennen

1 Schreibe die verwandten Wörter auf.

bunte rote grüne gute Stifte
Blumen Bilder finden malen holen

bunt – bunte,

2 Setze die Silbenbögen.

3 Finde ein verwandtes Wort.

suchen ___ schwarze ___ Stern ___
Wolken ___ wünschen ___ blaue ___

4 Bilde mit Wörtern aus Aufgabe 1 und 3 drei Sätze.

Wörter der gleichen Wortfamilie erkennen und weitere Wörter durch Bildung einer ein- oder zweisilbigen Wortform finden; Sätze verfassen und fehlerfrei aufschreiben

Wortstamm

1 Kreise den Teil ein, der in allen Wörtern gleich ist.

Fahrer Busfahrt wegfahren

Verwandte Wörter werden ähnlich geschrieben.
Der Teil, der in allen verwandten Wörtern gleich bleibt,
ist der Wortstamm: *ich fahre, Fahrrad, anfahren.*
Er ist der wichtigste Wortbaustein.

2 Kreise den jeweils gemeinsamen Wortstamm ein.
Trage die verwandten Wörter in die Tabelle ein.

ich höre | fragen | hören | sie fragt | Frage | Gehör

hör	frag

3 Schreibe die verwandten Wörter zu **Ei** auf. Kreise den Wortstamm ein.

4 Finde möglichst viele Wörter mit dem Wortstamm **spiel**.
Kreise den gemeinsamen Wortstamm ein.

5 Vergleicht die Wörter, die ihr gefunden habt.

Wortstamm Wörtern der gleichen Wortfamilie zuordnen; Sprache gezielt untersuchen: Ko-Konstruktion (Partnerarbeit)

1 Schreibe die verwandten Wörter auf.

Wölfe klüger dümmer
Wörter Brüder größer
Köpfe müssen

Wolf – Wölfe,

2 Gibt es zu jedem Wort mit **ü** ein verwandtes Wort mit **u**?

Mütter ______ Füße ______ dünn ______

3 Gibt es zu jedem Wort mit **ö** ein verwandtes Wort mit **o**?

Köpfe ______ rötlich ______ schön ______

4 Schreibe die Nomen in der Mehrzahl mit Artikel auf.

die Tochter ______ das Buch ______

der Wunsch ______ die Nuss ______

5 Setze die Silbenbögen bei den Wörtern aus Aufgabe 4.

6 Markiert in den Wörtern aus Aufgabe 4 den Vokal in der ersten Silbe.
Was fällt euch auf?

Ö/**ö** und **Ü**/**ü** heißen Umlaute.
Ö/**ö** und **Ü**/**ü** sind auch ______________: Wölfe, klüger.

Begriff Umlaute; Umlaute als Sonderform von Vokalen erkennen; Routine: mit Wortfamilien arbeiten

1 Verbinde die verwandten Wörter.

Apfel | Häuser | läuft | Gras | schläft

Haus | Äpfel | schlafen | laufen | Gräser

2 Schreibe alle Nomen aus Aufgabe 1 in der Einzahl und in der Mehrzahl mit Artikel auf.

der Apfel – die Äpfel,

3 Welche Wörter aus Aufgabe 1 sind keine Nomen?

4 Wie könnt ihr wissen, wann ihr **Ä/ä** und **Äu/äu** schreiben müsst?

Wenn ich ein verwandtes Wort mit **A/a** oder **Au/au** kenne, dann schreibe ich **Ä/ä** oder **Äu/äu**:
*die H**a**nd – die H**ä**nde, der B**au**m – die B**äu**me.*

5 Finde zu jedem Wort ein verwandtes Wort.
Kreise den jeweils gemeinsamen Wortstamm ein.

Bäuche | fängt | Sätze | hält | Sträucher | Zäune

Umlaute Ä/ä und Äu/äu: Übungen

1 Schreibst du **e** oder **ä**? Ergänze die Wörter in der Einzahl.
Trage danach die fehlenden Vokale in der Mehrzahl ein.

Einzahl		Mehrzahl	
	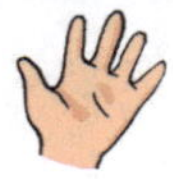	H nde	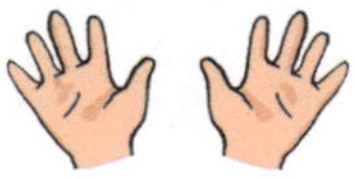
		Sch ren	
		Gl ser	

2 Schreibst du **eu** oder **äu**? Ergänze die Wörter in der Einzahl.
Trage danach die fehlenden Vokale in der Mehrzahl ein.

Einzahl		Mehrzahl	
		B me	
		M se	
		L te	

3 Suche im Wörterverzeichnis das einzige Wort mit **ä**, das kein verwandtes Wort mit **a** hat.

4 Ergänze: **e** oder **ä**, **eu** oder **äu**?

In einem Garten st__(e/ä)hen fünf B____(eu/äu)me.

An den ___(E/Ä)sten sind viele Bl__(e/ä)tter.

Ein Baum tr__(e/ä)gt rote ___(E/Ä)pfel.

H____(eu/äu)te kommen viele L____(eu/äu)te

um zu ___(e/ä)rnten.

Üben: Strategien zum Finden gleicher Wortstämme – Einzahl und Mehrzahl bei Nomen bilden, Grundform Verben; Orientierung im alphabetischen Wörterverzeichnis

Test 3: Verwandte Wörter, Umlaute, Wortstamm

1 Wie heißt der gemeinsame Wortstamm?
Kreise ihn ein und schreibe ihn auf.

Radlader radeln Fahrrad Gummirad	Vorname Name namentlich Namenstag Nachname
______	______

2 Sind **ä**, **ö**, **ü** Vokale? ☐ Ja ☐ Nein

Begründe deine Entscheidung.

______

3 Schreibe je ein verwandtes Wort mit Umlaut auf.

Baum ______ Wolf ______ Stuhl ______

schlafen ______ groß ______ klug ______

4 Ergänze: **e** oder **ä**, **eu** oder **äu**?

Viele L_____(eu/äu)te sehen aus den H_____(eu/äu)sern.
Manche stehen sogar auf B__(e/ä)nken. Ein F_____(eu/äu)erwerk!
Tom hört nichts, er schl__(e/ä)ft.

Ich kann schon ...	ja	nein	So will ich noch üben
... verwandte Wörter finden.	☐	☐	S. 37 1 und 2
... Umlaut-Striche setzen.	☐	☐	11
... verwandte Wörter mit Umlaut finden.	☐	☐	S. 37 3
... Wörter mit **ä** oder **äu**.	☐	☐	S. 37 4
... alles!	☺		S. 37 5!

Überprüfen und Einschätzen des eigenen Lernerfolges zu: Wortstamm, Umlautung; angemessene Lern- und Übungsziele setzen: über Lernen sprechen

Weiterüben nach Test 3

1 Schreibe die verwandten Wörter auf.
Kreise den jeweils gemeinsamen Wortstamm ein.

Scheren   Kisten   Wünsche   Töchter
Bäume   Bäche

2 Suche immer drei Wörter mit gleichem Wortstamm und schreibe sie auf.
Kreise den jeweils gemeinsamen Wortstamm ein.

Schule | Blume | Sternschnuppe | Sternchen | Schulhaus
Blumenstrauß | Schulranzen | Blumenkasten | Stern

3 Schreibe je ein verwandtes Wort mit Umlaut auf.

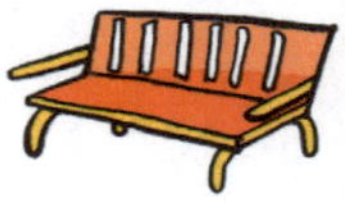

laufen ____   Maus ____

fangen ____   Bank ____

4 Setze **ä** oder **äu** ein, wenn du ein verwandtes Wort mit **a** oder **au** findest.
Schreibe so: Bäume – Baum.

Gr__ser – ____   F__nster – ____

F__er – ____   H__ser – ____

5 Ergänze: **e** oder **ä**, **eu** oder **äu**?

H____(eu/äu)te schl__(e/ä)ft ein M__(e/ä)dchen auf der Wiese.

Ein kleines Sch__(e/ä)fchen frisst die zarten Gr__(e/ä)ser.

Auf den F__(e/ä)ldern l____(eu/äu)ft ein K__(e/ä)lbchen.

Der Schlingel ist ausg__(e/ä)rissen!

Vertiefendes Üben zu: Wortstamm und Umlautung

Wörter mit Sp/sp

1 Lies die Wörter laut und betone sie normal. Kreise **Sp/sp** ein.

sparen	spät	spielen	Spaß	spuken
Spiegel	sprechen	Sport	Spinne	
Gespenst	springen	Spinat	spülen	

2 Wie klingt der Wortanfang? Was schreibt ihr?

3 Schreibe alle Wörter mit **Sp/sp** aus Aufgabe 1 auf.

4 Lies die Sätze. Kreise **Sp/sp** ein.

Ein Spatz spielt zum Spaß mit dem Specht
Spaghetti-weit-Spucken.

Spinne am späten Morgen
spart dem Sportler die Sorgen.

Die Spange spricht spöttisch zum Igel:
„Sieh' in den Spiegel,
du brauchst keine Spange."
Und spaziert davon.

5 Schreibe die Sätze ab. Bilde einen eigenen Unsinnsatz mit Wörtern, die **Sp/sp** enthalten.

Wörter mit Sp/sp aus dem Grundwortschatz richtig schreiben; Sprache untersuchen: phonologische Reflextion zu Lautung und Schreibweise von Sp am Wortanfang; Sätze mit Wörtern mit Sp/sp verfassen im Stil „Unsinnsatz"

Wörter mit St/st

1 Lies die Wörter laut und betone sie normal. Kreise **St/st** ein.

still | stumm | Stern | stark | Stein

stellen | Stimme | Stunde | stehen

staunen | Stock | stören | stur | steif

Stempel | steigen | Stall | stolpern

2 Schreibe alle Wörter mit **St/st** aus Aufgabe 1 ab.

3 Ergänze **St/st**. Welche Wörter sind Nomen? Ergänze den Artikel.

ill	ern	ark
ein	ellen	unde
ehen	aunen	raße

4 Trage die Wörter in die richtige Spalte einer Tabelle ein.

Stunde | Stirn | Schwester | Fenster

Stift | stehen | gestern | still

Strauch | Kiste | Christbaum | Meister

Pfosten | Stange | stellen | Geister

St/st am Wortanfang	**st** im Wort

Wörter mit ng

1 Finde Reimwörter mit **ng**.

singen	lang	Junge
br	F	
kl	G	

2 Löse die Rätsel und schreibe die Wörter mit **ng** auf.

nicht weit, sondern ______

kein Mädchen, sondern ein ______

Was trägst du am Finger? ______

Was tust du im Chor? ______

3 Ergänze: **ng** oder **g**?

Ein E____el si____t und hat Flü____el.

An manchen Ta____en hat die Schla____e großen Hu____er.

Mit einer la____en A____el kannst du besser Heri____e fa____en.

Re____en bri____t Se____en.

Wörter mit B/b, D/d, G/g und P/p, T/t, K/k

1 Sprich die folgenden Wörter deinem Partner deutlich vor. Er soll dir sagen, welcher Buchstabe am Anfang steht.

B/b oder **P/p**?	**D/d** oder **T/t**?	**G/g** oder **K/k**?
___uch	___ose	___aufen
___ilz	___unkel	___emüse
___rille	___asche	___rün
___aket	___urnen	___lein
___aum	___ecke	___uchen
___uppe	___onne	___abel

2 Ergänze bei den Wörtern aus Aufgabe 1 die richtigen Anfangsbuchstaben. Achte auf Groß- und Kleinschreibung.

3 Sprich die Wörter deutlich und betone normal. Halte dir dabei die Hand vor den Mund. Was spürst du? Kreise ein, was passt.

Bei **B/b**, **D/d** und **G/g** spüre ich viel/wenig Luft an der Hand.

Bei **P/p**, **T/t** und **K/k** spüre ich viel/wenig Luft an der Hand.

4 Setze den richtigen Buchstaben ein.

B/b oder **P/p**?	___ruder	hu___en	schrei___en	___insel
D/d oder **T/t**?	___ante	ba___en	___eckel	___eilen
G/g oder **K/k**?	___opf	___eld	___ut	___erze

Wörter mit B/b, D/d, G/g und P/p, T/t, K/k aus dem Grundwortschatz richtig schreiben durch deutliches, aber natürliches Sprechen; mit dem Partner zusammenarbeiten; Routine: Nomen erkennen, Nachschlagen

Wörter mit B/b, D/d, G/g und P/p, T/t, K/k: Übungen

1 Finde weitere Wörter mit **B/b**, **D/d**, **G/g**, **P/p**, **T/t** und **K/k**.
Schreibe sie auf und kreise den wichtigen Buchstaben ein.

2 Schreibe den Text sorgfältig ab. Ergänze dabei die fehlenden Wörter.

Erinnere dich: Wie schreibst du Sätze fehlerlos ab? Vergleiche mit Seite 23.

Ein  bekommt ein . Darin ist ein dickes .

Er legt es auf den . Dann holt er die  mit .

Er liest: „Es war einmal eine , die konnte  spielen

und mit  zaubern.“

Der Vogel hält sich den  vor Lachen.

Er geht zum  und ruft die  an.

Die sitzt gerade auf dem  und

knabbert an einer köstlichen .

Schau dir deine Vorsätze auf Seite 4 an!

3 Bist du mit deiner Schrift zufrieden? ☐ Ja ☐ Nein

Üben: Wörter mit B/b, D/d, G/g und P/p, T/t, K/k aus dem Grundwortschatz richtig schreiben; Arbeitstechnik: planvolles und fehlerfreies Abschreiben eines ganzen Textes

◇1 Was tun die Kinder? Ordne die Wörter den Bildern zu.

turnen	schreiben	lesen	malen

Diese Wörter sind Verben. Sie beschreiben, was ich tue.
Verben schreibe ich klein: *laufen, schreiben, singen.*
Diese Form der Verben heißt Grundform.

So stehen die Verben auch im Wörterbuch: in der Grundform.

◇2 Jedes Verb hat zwei Wortbausteine: einen Wortstamm und eine Endung. Kreise den Wortstamm ein und unterstreiche die Endung.

ich schreib<u>e</u>	wir schreiben	ich male	wir malen
du schreibst	ihr schreibt	du malst	ihr malt
er/sie/es schreibt	sie schreiben	er/sie/es malt	sie malen

◇3 Erklärt, wie sich die Verben verändern.

◇4 Schreibe die Verben in der richtigen Form. Kreise den Wortstamm ein und unterstreiche die Endungen.

danken	brauchen	wünschen
ich danke	ich	
du		
er		

Verben: Wortstamm und Wortbausteine

1 Kreist den Wortstamm ein. Was fällt euch auf?

laufen	schlafen	sprechen
ich laufe	ich schlafe	ich spreche
du läufst	du schläfst	du sprichst
er/sie/es läuft	er/sie/es schläft	er/sie/es spricht

2 Was hast du herausgefunden? Kreuze an, was stimmt.

- ☐ Bei den Verben wird aus **a** ein **ä**, aus **au** ein **äu**.
- ☐ Bei den Verben ändert sich der Wortstamm nie, nur die Endung.
- ☐ Bei den Verben kann sich der Wortstamm ändern.

3 Schreibe die Verben in der richtigen Form. Kreise den Wortstamm ein und unterstreiche die Endungen.

waschen	fallen
ich wasche	ich
er	

4 Welche Wörter sind Verben? Kreuze an.

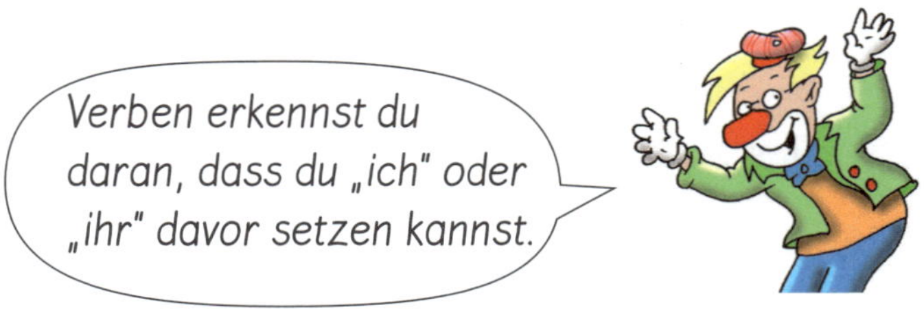

Grundform	Ich-Form	Ihr-Form	ja	nein
geben	ich gebe	ihr gebt	☒	☐
bringen			☐	☐
leise			☐	☐
sparen			☐	☐

Sprache untersuchen und Schlüsse ziehen; rechtschriftliche Sicherheit bei Verben erlangen durch den Abgleich zwischen gebeugter Form und Grundform; Strategie: Verben erkennen durch Einsatz der gebeugten Form

1 Vergleicht die Wörter auf den Wortkarten. Bildet mit ihnen Sätze. Was fällt euch auf?

verlaufen – vorlaufen | verschreiben – vorschreiben | verlesen – vorlesen | verfahren – vorfahren

2 Was hast du herausgefunden? Kreuze an, was stimmt.

- ☐ Auf jeder Karte gibt es einen gleichen Wortstamm.
- ☐ Auf jeder Karte gibt es **ver**- und **vor**-.
- ☐ **ver**- und **vor**- ändern die Bedeutung des Verbs.

3 Bilde Wörter, die du kennst. Trage sie in die Tabelle ein.

rechnen | schlafen | schreiben | sagen

ver-	vor-

4 Welche anderen Wortbausteine findet ihr noch am Wortanfang? Unterstreicht sie und erklärt das Wort eurer Klasse.

abschreiben | beschreiben | unterschreiben | vorschreiben

5 Schreibe eine kurze Geschichte. Zwei dieser Verben sollen darin vorkommen:

vorlaufen | überlegen | verwünschen | wegrennen

Üben: Sprache untersuchen; sich über Bedeutungsänderungen bei Verben mit ver- und vor- austauschen; Vorsilben anwenden; eine eigene Geschichte mit vorgegebenen Verben verfassen

Zweite Silbe: Verben

1 Setze die Silbenbögen.

hüpfen | tanzen | lernen | lesen | raufen | singen

2 Trenne die zweite Silbe ab und schreibe sie auf.
Markiere in jeder zweiten Silbe den Vokal und die Konsonanten.

rau- fen   tan- ______   ler- ______

le- ______   hüp- ______   sin- ______

3 Seht euch die zweite Silbe genau an.
Was fällt euch auf?

Vergleicht mit Seite 18/19.

4 Ordne die Verben nach der zweiten Silbe: Verben mit -**ben**, -**den**, -**gen**.
Sprich sie deutlich und betone normal.

schaden | winden | tragen | enden | baden | senden

finden | schieben | schlagen | fliegen | toben

fegen | schreiben | leben | legen | proben | rauben

fragen | loben | sagen | leiden

zweite Silben von Verben; Wiederholung des regelmäßigen Aufbaus der zweiten Silbe; Routine: Vokale und Konsonanten markieren

Wörter mit ie: Silbenende

1 Schreibe die Wörter getrennt. Kreise **ie** ein.

 Biene Bie-ne

 lieben

 Wiese

 sieben

 Stiefel

 fliegen

2 Was fällt euch auf?

3 Was hast du herausgefunden? Kreuze an.

☐ Das **ie** steht in der Mitte der ersten Silbe.
☐ Das **ie** steht am Ende der ersten Silbe.
☐ Wenn die erste Silbe offen ist, dann schreibe ich **ie**.
☐ Das **ie** klingt lang und klar.

Das **ie** steht am ____________ der ersten Silbe.
Das bedeutet, dass die Silbe ____________ ist.
Das **ie** klingt ________________.

4 Untersuche auch diese Wörter: Setze die Silbenbögen und unterstreiche das **ie**. Wo steht es?

kriegen | liegen | spielen | Ziege | wieder | schieben

Fliege | siegen | riechen | diese | Riese | niesen

5 Schreibe die Wörter mit **ie** getrennt auf. Unterstreiche das **ie**.

Sprache untersuchen und Schlüsse ziehen: Wörter mit ie: Lautqualität und Position am Ende der Silbe prüfen

Wörter mit -ie: Übungen

1 Setze die Silbenbögen und schreibe die Wörter getrennt auf.

Schreibe so: Wiese *Wie-se*

spielen ______ viele ______ fliegen ______

biegen ______ Zwiebel ______ liegen ______

2 Unterstreiche alle Verben.

3 Schreibe die Verben in der Ich-Form und in der Wir-Form auf.

Ich-Form	Wir-Form

4 Unterstreiche alle Nomen. Schreibe die Sätze richtig auf.

DIE BIENE FLIEGT ÜBER DIE WIESE.
EINE ZIEGE RIECHT AN EINER ZWIEBEL.
LIEBER IN STIEFELN SPIELEN, ALS SIEBEN TAGE IM BETT LIEGEN.

Üben: Wörter mit ie aus dem Grundwortschatz; Routine: Silbenbögen setzen, Wörter getrennt aufschreiben; Strategie: Verben und Nomen erkennen; Sätze aufschreiben

1 Setze die Silbenbögen und schreibe die Wörter getrennt auf.

Tiere	Tie-re	Tinte	Tin-te
Briefe		Binde	
Lieder		Liste	

2 Markiere in jeder ersten Silbe die Vokale und die Konsonanten. Wann schreibst du **ie**, wann **i**?

3 Was hast du herausgefunden? Kreuze an.

- ☐ Ich schreibe **i**, wenn die erste Silbe mit einem Konsonanten endet.
- ☐ Wenn die erste Silbe offen ist, schreibe ich **ie**.
- ☐ Ich höre einen Unterschied: Das **ie** klingt lang und klar, das **i** klingt kurz und undeutlich.

4 Sprich in Silben und trage die Wörter in die Tabelle ein.

K?ste | s?ben | s?nken | R?se | W?nter

R?nde | W?ge | St?fel | St?fte | K?sel

ie	i

Sprache untersuchen und Schlüsse ziehen: Wörter mit ie am Ende und i in der Mitte der Silbe wahrnehmen, Klangunterschiede erkennen

So findest du Fehler:

- Lies das Wort in der Vorlage.
- Sprich es in Silben.
- Lies jetzt dein Wort.
- Setze die Silbenbögen mit dem Bleistift unter dein Wort.
- Schreibe das Wort richtig auf.

1 Welche Buchstaben fehlen? Überprüfe mithilfe der Tipps und berichtige die Fehler.

Junge	Juge	Junge
Gemüse	Gmüse	
Telefon	Telfon	
Brot	Bot	
Tomate	Tomte	

2 Welche Buchstaben sind falsch? Streiche sie an und berichtige die Fehler.

Blume	Blune	Blume
Bruder	Bruda	
Dose	Tose	
spielt	schpilt	

3 Welcher Satz ist richtig? Kreuze an. Schreibe den Satz fehlerfrei auf.

- ☐ Eine Raube sietzt auf eine schönem Blute.
- ☐ Eine Raupe sitzt auf einer schönen Blüte.

Fehlerdiagnose: Fehler finden durch Abgleich mit einer Vorlage; Fehlerdiagnose als Grundhaltung etablieren

Test 4: Harte/weiche Konsonanten, Verben, Wörter mit ie

◇1 Setze richtig ein.

B oder **P**? — ___rille ___uppe

D oder **T**? — ___ecke ___afel

G oder **K**? — ___ras ___lasse

◇2 Finde die fünf Fehler. Streiche sie an.

Beim Schport schtaunen die Leude uber
den schnellen Jugen.

◇3 Finde zu den Verben die Grundform. Kreise den Wortstamm ein.

du malst — er taucht — sie rechnet — er quakt — ich sage

◇4 Setze die Silbenbögen. Erkläre: Wann schreibst du **ie**?

Biene — binden — viele — Zwiebel — Kinder — Riese

Ich kann schon ...	ja	nein	So will ich noch üben
... **B**/**D**/**G** und **P**/**K**/**T** unterscheiden.	☐	☐	7
... Wörter mit **Sp**/**sp, St**/**st** und **ng**.	☐	☐	S. 52 ◇1 und ◇2; 7
... den Wortstamm erkennen.	☐	☐	10
... Wörter mit **ie**.	☐	☐	S. 52 ◇3; 5
... alles!	☺		S. 52 ◇4; 18 und 19!

Überprüfen und Einschätzen des eigenen Lernerfolges zu: Wörtern mit B/D/G und P/T/K, Sp/sp, St/st, ng; Verben, Wortstamm und Wörtern mit ie; angemessene Lern- und Übungsziele setzen: über Lernen sprechen

Weiterüben nach Test 4

1 Trage die Wörter in die Tabelle ein. Kreise **Sp/sp**, **St/st** und **ng** ein.

Stern | sparen | sprechen | Stein | bringen | spielen

Ring | Stunde | singen | Sport | Junge

Sp/sp	St/st	ng

2 Schreibe die Nomen aus Aufgabe 1 in der Einzahl und in der Mehrzahl auf.
Schreibe die Verben in der Grundform und der Er-Form auf.

3 Lies und setze die Silbenbögen. Ergänze: **ie** oder **i**?

Im W___nter sind meine St___fel in der K___ste.

Im Sommer fl___gen B___nen auf der W___se.

Wir l___ben den Sommer!

4 Finde die zehn Fehler. Streiche sie an und schreibe den Text fehlerfrei auf.

Mein Tande kommt eine Schtunde su
schpät: „Ich traf auf dr Wise siben Zigen
und blauderte mit ihnen."

Vertiefendes Üben zu: Wörtern mit Sp/sp, St/st, ng, Verben und Nomen (Einzahl/Mehrzahl), Wörtern mit ie und Fehlerdiagnose;
Routine: Nachschlagen

1 Welchen Gegenstand beschreibt Lena?

2 Beschreibe einen Gegenstand auf dem Bild. Diese Wörter helfen dir dabei:

rot | klein | gelb | bunt | grün | braun | groß | blau

Ich sehe was, was du nicht siehst, und

Adjektive beschreiben Menschen, Tiere oder Dinge genauer:
Das Auto ist neu. Der Hase ist braun. Die Feder ist leicht.
Adjektive schreibe ich klein.

3 Unterstreiche die Nomen blau, die Adjektive grün.

BÖSE FRISCH KALT BALL EIS WOLF HOCH GEMÜSE RUND HAUS

4 Schreibe fünf kurze Sätze mit den Adjektiven aus Aufgabe 3:

Die Hexe ist böse.

5 Wie ist dein Freund oder deine Freundin? Schreibe auf einen Zettel.

Tom ist mein Freund. Er ist groß und lustig.

mit Adjektiven in der Grundform genau beschreiben; Adjektive in kurzer Personenbeschreibung anwenden; Strategie: Nomen erkennen, auch in Abgrenzung zu Adjektiven

1 Was müsste Lena antworten, damit Mehmet sie versteht?

2 Ergänze: Im Schaufenster sind …

eine grüne Hose, eine

3 Untersucht die Adjektive. Was fällt euch auf?

4 Was hast du herausgefunden? Kreuze an.

☐ Das Adjektiv verändert sich.
☐ Das Adjektiv steht zwischen Artikel und Nomen.

Wenn ein Adjektiv vor dem Nomen steht, bekommt es eine Endung: *Die Hose ist grün.* → *die grüne Hose*
Das Kind ist still. → *das stille Kind*

5 Setze das passende Adjektiv ein. Unterstreiche die Endung.

Dornröschen war ein ______ Kind.
klein schön böse

Rotkäppchen besuchte die ______ Oma.
hässlich groß krank

Däumling war ein ______ Junge
groß klein dick

gebeugte Form von Adjektiven erkennen und richtig anwenden; Sprache gezielt untersuchen: Ko-Konstruktion (Partnerarbeit)

Zusammengesetzte Nomen

1 Was beschreiben diese Wörter genau?
Finde zu jedem Begriff ein weiteres Wort.

2 Wie könnt ihr Dinge genau beschreiben? Tauscht euch in der Klasse aus.

3 Zerlege die Nomen. Schreibe sie mit Artikel auf.

der Federball — die Feder + der Ball

die Papierschere

der Brotkorb

das Pausenbrot

die Gemüsekiste

4 Unterstreicht alle Artikel. Welche Artikel sind in jeder Zeile gleich?

5 Schreibe die zusammengesetzten Nomen aus Aufgabe 3 in der Mehrzahl mit Artikel auf.

Zusammensetzung von Nomen als Mittel der Wortbildung nutzen, um genau zu beschreiben; Sprache gezielt untersuchen: Ko-Konstruktion (Partnerarbeit)

Verwandte Wörter und Wortstamm: Wiederholung

Lena: „Ich kann schön malen."
Tom: „Malst du oft?"
Lena: „Ja, ich male jeden Tag.
Aber meine Schwester malt fast nie."

1 Schreibe alle Formen des Verbs **malen** heraus. Kreise den Wortstamm ein, unterstreiche die Endungen.

malen,

2 Kreise gleiche Wortstämme im Text ein.

Mehmet: „Ich fahre jetzt los."
Lena: „Beeile dich, es kommen schwarze Wolken!"
Mehmet: „Diese Miniwolke ist doch nicht schwarz!"
Lena: „Fährst du mit dem Bus?"
Mehmet: „Nein, mit dem Fahrrad."

3 Schreibe aus dem Text aus Aufgabe 2 alle Formen mit jeweils gleichem Wortstamm heraus.

fahre,

4 Kreise in den Wörtern aus Aufgabe 3 den gemeinsamen Wortstamm ein, unterstreiche die Endungen.

5 Ordne die Wörter aus Aufgabe 3 nach: **Nomen**, **Verb**, **Adjektiv**. Findest du zu jedem Wortstamm noch mehr Wörter?

Vertiefen: verwandte Wörter und Wortstamm; Wortbildung mithilfe von Wortbausteinen und Zusammensetzungen üben

Auslautverhärtung: Verlängern und silbisches Sprechen

1 Finde das verwandte Wort mit zwei Silben. Ergänze den fehlenden Buchstaben.

b oder **p**?	**d** oder **t**?	**g** oder **k**?
der Bub	der Hun__	der We__
die Buben		
gel__	run__	trauri__
er hu__t	gu__	er fra__t
wir		wir

Am Ende eines Wortes höre ich **p/t/k**. Ich muss das Wort verlängern und in Silben sprechen. Dann höre ich den richtigen Laut genau:
*der Kor? – die Kör**b**e, run? – run**d**e, trauri? – trauri**g**e.*

2 Verlängere: Schreibe die Nomen in der Mehrzahl auf. Ergänze **d** oder **t**.

das Bild →	die Bilder	der Freun__ →	
das Pfer__ →		das Klei__ →	
das Kin__ →		das Gesich__ →	

Strategie Verlängern: ein- und zweisilbige Wortformen bilden, um rechtschriftliche Sicherheit bei der Auslautverhärtung zu erlangen; Auslautverhärtung bei Nomen üben

Auslautverhärtung: Übungen 1

1 Verlängere die Adjektive: Schreibe die Form mit zwei Silben.
Ergänze **d** oder **t**.

gesun__ → das ______ Obst

bun__ → das ______ Kleid

run__ → der ______ Knopf

leich__ → die ______ Bluse

2 Verlängere die Adjektive: Schreibe die Form mit zwei Silben.
Ergänze **g** oder **k**.

lusti__ → der ______ Papagei

wel__ → das ______ Blatt

3 Verlängere die Verben: Bilde die Wir-Form. Ergänze **b** oder **p**, **g** oder **k**.

er legt →	wir legen	er schrei__t →	
er gi__t →		er zei__t →	
er le__t →		er blei__t →	
er sa__t →		er hu__t →	
er ü__t →		er lü__t →	
er kla__t →		er pum__t →	

4 Wähle dir Wörter aus den Aufgaben und schreibe kurze Sätze.

Üben: Strategie Verlängern bei Adjektiven und Verben; Sätze verfassen und richtig aufschreiben

Auslautverhärtung: Übungen 2

1. Beweise durch Verlängern, was richtig ist.

d oder **t**?	der Win? →	die Winde	→ der Win_
	der Hu? →		→
b oder **p**?	er hu?t →		→
	sie blei?t →		→
g oder **k**?	arti? →		→
	der Sie? →		→

2. Beweise durch Verlängern, dass die Form richtig ist.

Der Hu**t** (Hüte) flie**g**t (____) dem Kin**d** (____) vom Kopf. Das Kind schrei**b**t (____) dem Win**d** (____): „Wo ist mein Hut?" Da zei**g**t (____) der Wind dem Kind, wo der Hut jetzt le**b**t (____): in Panama.

3. Beweise durch Verlängern, was richtig ist: **b** oder **p**, **d** oder **t**, **g** oder **k**?

„Ein toller Ta__(g/k)!", ruft Ben. „Mutti hat erlau__(b/p)t, dass ich zu deinem Fes__(d/t) komme!". „Star__(g/k)! Es gi__(b/p)t Saf__(d/t) und wir dürfen lau__(d/t) sein.", sa__(g/k)t Uli. Am Aben__(d/t) fra__(g/k)t Mutti: „Wie war's?" Ben: „Ganz schön wil__(d/t)! Aber jetzt bin ich ferti__(g/k)!"

Wörter mit Pf/pf

1 Ergänze passend.

Pf oder **F**?

 Pfeife

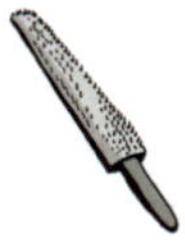 Feile

 ____lanze

 ____eil

 ____au

pf oder **f**?

 Ko____

 To____

Sen____

 Strum____

 Kno____

pf oder **f**?

 schla____en

 klo____en

 hü____en

 tro____en

2 Schreibe die Sätze ab. Kreise **Pf**/**pf** ein.

Was klopft dem Pfau auf den Kopf? Ein Tropfen.
Er schimpft und hüpft unter eine Pflanze.

3 Was haben Kopf und Strumpf gemeinsam? Erklärt.

4 Findet auf dieser Seite zwei andere Wörter mit **Pf**/**pf**, die etwas gemeinsam haben. Erklärt.

Wörter mit Pf/pf aus dem Grundwortschatz richtig schreiben; Partnerformat: Sprache erklären – bisherige Erkenntnisse und Strategien bei der Sprachuntersuchung selbstständig anwenden

Wörter mit nk

1 Ergänze das passende Wort.

singen | sinken

Ein Schiff kann ______.

Viele Kinder ______ gern.

2 Kreist **ng** und **nk** ein. Was fällt euch auf?

3 Setze die Silbenbögen.

Finken | Bänke | trinken | Geschenke | danken

denken | kranke | Enkel | winken | Henkel

4 Finde Reimwörter mit **nk**.

Bank	denken	trinken
Schr	sch	s
kr	l	bl

5 Erfinde Zungenbrecher mit den Wörtern mit **nk**:

Flinke Finken trinken schnell.

______

______

______

______

Wörter mit nk aus dem Grundwortschatz richtig schreiben; Sprache untersuchen: Wörter mit nk und Wörter mit ng; eigene Zungenbrecher mit Wörtern mit nk verfassen und richtig aufschreiben

1 Unterstreiche alle Wörter, die etwas genau beschreiben.

Meine kleine Schwester hat einen gelben Tennisball und ein Stofftier.

2 Finde weitere vier Fehler. Streiche sie an. Schreibe die Wörter richtig auf.

Die Planze ist krang. Die Kinda tringken Flaumensaft.

3 Beweise, was richtig ist. Ergänze **d** oder **t**.

das Bil? → →

die Luf? → →

run? → →

bun? → →

4 Setze richtig ein.

er schlä__t (g/k) du lie__st (g/k) er schwe__t (b/p)

sie trin__t (g/k) er to__t (b/p) die Grille zir__t (b/p)

Ich kann schon ...	ja	nein	So will ich noch üben
... Adjektive und zusammengesetzte Nomen.	☐	☐	16 und 17
... Wörter mit **Pf**/**pf** und **nk**.	☐	☐	S. 63 ◇1; 7
... Wörter verlängern.	☐	☐	S. 63 ◇2 und ◇3; 12
... alles!	☺		S. 63 ◇4; 18 und 19!

Überprüfen und Einschätzen des eigenen Lernerfolges zu: Adjektiven und zusammengesetzten Nomen, Wörtern mit Pf/pf und nk und Auslautverhärtung; angemessene Lern- und Übungsziele setzen: über Lernen sprechen

Weiterüben nach Test 5

1 Setze die Silbenbögen. Ordne die Wörter richtig zu.

Pfeile | Bänke | danken | Tropfen

denken | trinken | Köpfe | Pflanze

Pf/pf

nk

2 Verbinde die einsilbige mit der zweisilbigen Wortform.
Schreibe beide auf und markiere die schwierigen Stellen.

das Rad | stark | lieb | schlecht | die Burgen

starke | die Räder | die Burg | liebe | schlechte

3 Schreibe die Verben in der Wir-Form. Ergänze danach den fehlenden Buchstaben in der Er-Form.

1 Silbe	2 Silben	1 Silbe	2 Silben
er bleibt	*wir bleiben*	er sa__t	
er hu__t		er schrei__t	
er fra__t		er ü__t	
er gi__t		er zei__t	

4 Berichtige die Fehler und schreibe die Geschichte weiter.

Es ist späd am Abent. Klara ist es mulmik. Sie liekt im Bett und bewekt sich nichd. Ist das gruslik!

Vertiefendes Üben zu: Wörtern mit Pf/pf, nk und Auslautverhärtung, Fehlerdiagnose und Korrektur sowie eigener, kreativer Textgestaltung

1 Schreibe die Wörter getrennt auf. Markiere in jeder zweiten Silbe den Vokal und die Konsonanten.

Stunde | Brüder | hören | holen | Steine | rufen

Feder | Schwester | finden | Wölfe | Pferde | Winter

Stun-de

2 Ordne die Wörter in die Tabelle ein.

Konsonant + **e**	Konsonant + **er**	Konsonant + **en**
Stun-de		

3 Was haben Wölfe und Brüder gemeinsam? Erklärt.

4 Findet zwei andere Wörter aus Aufgabe 1, die etwas gemeinsam haben. Erklärt.

Vertiefen: zweite Silbe untersuchen und sicher verschriften; Partnerformat: Sprache erklären – bisherige Erkenntnisse und Strategien bei der Sprachuntersuchung selbstständig anwenden

Offene und geschlossene erste Silbe: Wiederholung

1 Setze die Silbenbögen.

haben	Süden	binden	Soldat	Feder	Schulter
Biene	Sofa	hören	Hölzer	handeln	Schule
Sünde	Felsen				

2 Schreibe die Wörter getrennt in die Tabelle.

Vokal in der 1. Silbe	offene 1. Silbe	geschlossene 1. Silbe
a	ha-ben	
e		
ie/i		
o		
ö		
u		
ü		

3 Markiert in jeder ersten Silbe die Vokale und die Konsonanten.
Was fällt euch zur ersten Silbe und den Vokalen auf? Erklärt.

1 Wie schreibt ihr das Wort richtig? Findet die Grundform. Sprecht sie deutlich und betont normal.

2 Das **r** kannst du schlecht hören. Kreise es ein.

Birne	dürfen	Garten	lernen	turnen	Wörter

3 Setze die Silbenbögen bei den Wörtern aus Aufgabe 2 und schreibe die Wörter getrennt auf.

Bir-ne,

4 Wo steht das **r**, das schlecht zu hören ist? Erklärt.

5 Ist das hier auch so? Kreise **r** ein und setze die Silbenbögen.

Birke	Farbe	Kirche	Karte	merken	sorgen
warnen	werfen	Erde	Dörfer	morgen	warten

6 Schreibe die Wörter aus Aufgabe 6 getrennt auf.

Wörter lautlich und silbisch durchgliedern und untersuchen, um vokalisiertes r am Silbenende zu entdecken; Routine: Silbenbögen setzen, Wörter getrennt aufschreiben

Vokalisiertes r: Übungen

1 Ordnet diese Wörter. Setzt die Silbenbögen und markiert das schwer hörbare **r**. Was fällt euch auf?

fürchten | Partner | arbeiten | antworten | Erwartung

-ar- ______

-or- ______ **-ür-** ______

2 Was hast du herausgefunden? Kreuze an und ergänze.

☐ Meistens steht das schwer hörbare **r** am Ende der Silbe.
☐ Das schwer hörbare **r** steht bei diesen Wörtern in der Mitte der Silbe:

______

☐ Das schwer hörbare **r** gibt es nur bei Verben.

3 Finde zu jedem Wort ein verwandtes Wort mit zwei Silben. Kreise das **r** ein.

er darf	wir dürfen	das Wort	
er turnt		es wird	
er lernt		schwarz	

4 In welcher Form hörst du **r** besser? Kreuze an.

Ich höre **r** besser ☐ in der einsilbigen Form. ☐ in der zweisilbigen Form.

5 Finde zu jedem Wort ein verwandtes Wort mit zwei Silben.
Kreise das **r** ein und setze die Silbenbögen.

Arm | Turm | scharf | Kern | Schirm | Herz | Wurm

Wörter lautlich und silbisch durchgliedern, um vokalisiertes r in der Silbenmitte zu entdecken, dabei normal betonen; Routine: ein- und zweisilbige Wortformen finden

Wörter mit ie: Wiederholung

1 Ergänze: **i** oder **ie**?

S___lber t___fe B___ne

s___ben H___lfe b___nden

Erinnere dich: Wann schreibst du meistens ie? Wenn du unsicher bist, schau auf Seite 47 nach.

2 Trage die Wörter aus Aufgabe 1 in die Tabelle ein.

i	ie
Silber	sieben

3 Setzt die Silbenbögen. Unterstreicht **i** und kreist **ie** ein. Was fällt euch auf?

4 Was hast du herausgefunden? Kreuze an.

☐ Ich schreibe **i**, wenn die erste Silbe offen ist.
☐ Ich schreibe **ie**, wenn die erste Silbe offen ist.
☐ Ich schreibe **i**, wenn die erste Silbe geschlossen ist.
☐ Ich schreibe **ie**, wenn die erste Silbe geschlossen ist.

5 Schreibe die Wörter getrennt auf.

Vertiefen: Lautqualität und Position am Ende der betonten Stammsilbe prüfen, um richtig zu entscheiden: ie oder i; Sprache gezielt untersuchen: Ko-Konstruktion (Partnerarbeit)

Warum muss ich *Himmel* mit mm schreiben?

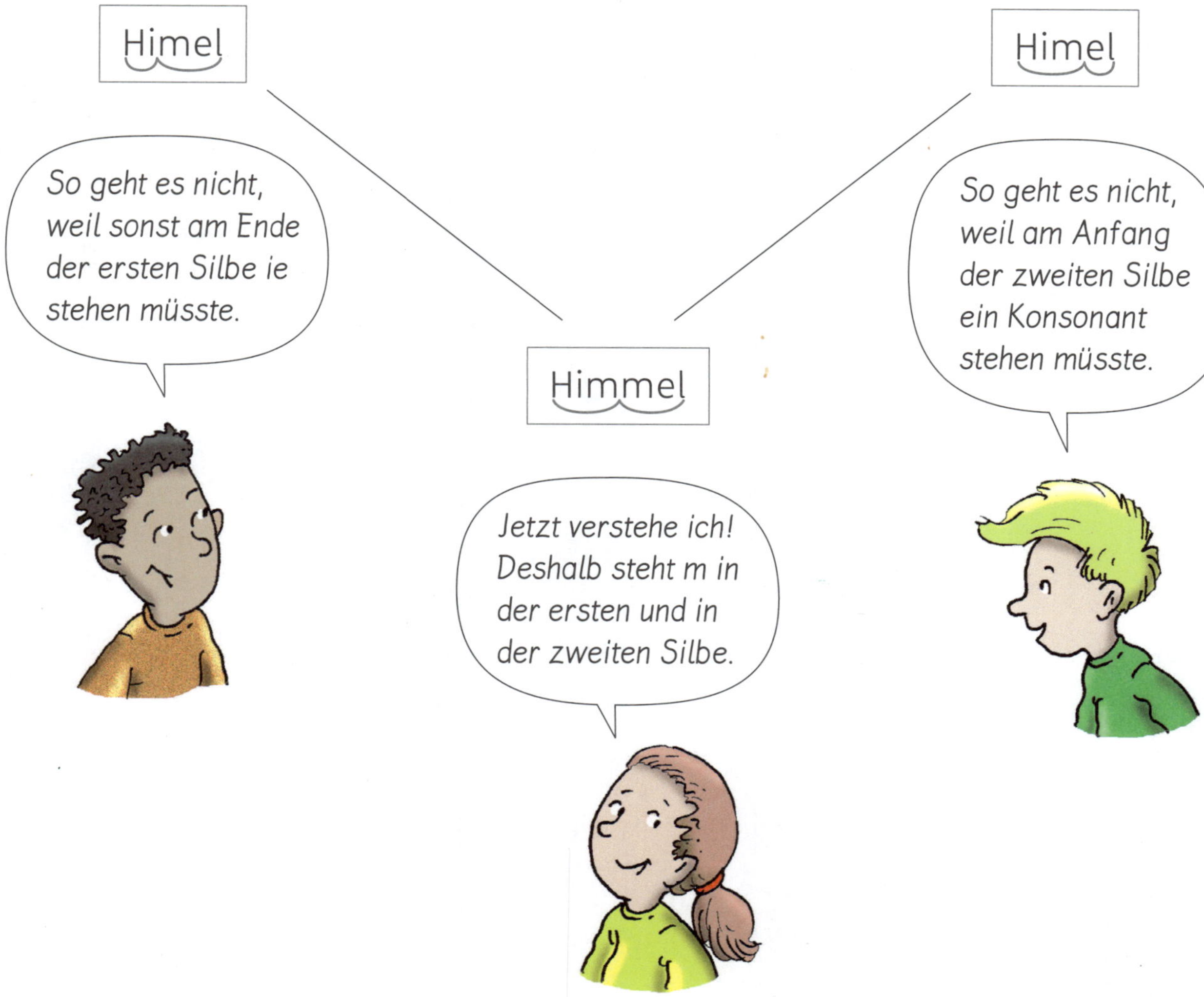

Ich höre nur einen Konsonanten, aber beide Silben brauchen einen. Deshalb muss ich den Konsonanten zweimal schreiben:
Alle können rennen.

1 Finde die Reimwörter.

Kralle	Kissen	müssen	Sonne	Füller
F	w	k	T	M

2 Schreibe alle Wörter aus Aufgabe 1 ab und setze die Silbenbögen.

Sprache untersuchen und Schlüsse ziehen: auf der Basis der Erkenntnisse zum silbischen Prinzip, Notwendigkeit für die Schreibung des Doppelkonsonanten nachvollziehen

Doppelkonsonant: Übungen

1 Setze die Silbenbögen und markiere den Vokal in jeder ersten Silbe.

rollen | Klasse | alle | können | müssen | Wasser

sollen | Sommer | Himmel | Sonne | wollen | Mutter

2 Schreibe die Wörter aus Aufgabe 1 getrennt auf.

rol-len

3 Trage die Wörter aus Aufgabe 1 in die Tabelle ein.

ss	
ll	
mm	
nn	
tt	

4 Kennst du weitere Wörter mit doppeltem Konsonanten?
Ergänze die Tabelle aus Aufgabe 3.

Üben: Wörter mit Doppelkonsonant aus dem Grundwortschatz richtig schreiben; weitere Wörter mit Doppelkonsonant sammeln

Umgang mit Fehlern: Nachdenken über Schreibweisen

Erinnere dich! So findest du Fehler:
- *Lies das Wort in der Vorlage.*
- *Sprich es in Silben.*
- *Lies jetzt dein Wort.*
- *Setze mit Bleistift die Silbenbögen unter dein Wort.*
- *Schreibe das Wort richtig auf.*

1 Finde die Fehler. Streiche sie an und berichtige sie.

arbeiten	abeiten	
Wasser	wasser	
alle	ale	

2 Erinnert euch: Wann schreibt ihr groß? Erklärt.

3 Unterstreiche die Nomen, markiere die Satzanfänge und schreibe die Sätze richtig auf.

tom will mit füller schreiben. sein partner muss warten. beide lernen gern.

4 Lena schreibt:

Tom will mit Füler schreibn.
Sein Patner muss waten. Beide lern gen.

Vergleiche und kreuze an: Was kann Lena, was kannst du?

	Lena kann ...	Ich kann ...
auf den Satzanfang achten.	☐	☐
Nomen erkennen und großschreiben.	☐	☐
in Silben mitsprechen und auch schwierige Buchstaben schreiben.	☐	☐

Fehlerdiagnose vertiefen: Fehler durch Wissen oder Abgleich mit einer Vorlage finden und berichtigen; Einschätzen der eigenen Leistung

1 Streiche die Fehler an und schreibe die Sätze richtig auf.

1. Der Frühling ist schön. Der Fruling ist schon.

2. Jetzt wird es warm. Jetz wirt es wam.

3. Im Sommer spielen wir nicht drinnen. Im Somer spilen wir nich drinen.

4. Die Sonne strahlt vom blauen Himmel. Die sone stralt fom blaun himel.

5. Im Gaten summt eine Bine. (2 Fehler)

6. Sie flikt von Blute zu blüte. (4 Fehler)

7. Ale Kinda liebn dem soma. (Alle Wörter sind falsch geschrieben.)

8. an den äfelbeumen reifn die fruchte

2 Kontrolliere dich selbst.

Bei diesen Sätzen habe ich alle Fehler gefunden: ______

Bei diesen Sätzen habe ich Fehler übersehen: ______

Üben: Fehlerdiagnose vertiefen und differenziert üben anhand zunehmend schwieriger Satzbeispiele; den eigenen Lernerfolg reflektieren; Routine: Nachschlagen

Test 6: Vokalisiertes r, Doppelkonsonant, Berichtigen

1 Setze die Silbenbögen und ordne die Wörter in die Tabelle ein.

Riese | turnen | fliegen | haben | dürfen | lernen

offene 1. Silbe	geschlossene 1. Silbe

2 Bei welchen Wörtern fehlt der doppelte Mitlaut? Prüfe und berichtige.

Klase Kasten Muter Sone Füler Waser Hilfe

3 Streiche die Fehler an und schreibe den Satz richtig auf.

Im Somer will ich nich abeiten. (3 Fehler)

Ich kann schon …	ja	nein	So will ich noch üben
… Wörter mit schwer hörbarem **r**.	☐	☐	S. 74 ⟨1⟩ und ⟨2⟩
… Wörter mit doppeltem Konsonanten.	☐	☐	S. 74 ⟨3⟩; 6
… Fehler finden.	☐	☐	S. 74 ⟨4⟩
… alles!	☺		S. 74 ⟨5⟩!

Überprüfen und Einschätzen des eigenen Lernerfolges zu: vokalisiertem r, Doppelkonsonant und Fehlerdiagnose; angemessene Lern- und Übungsziele setzen: über Lernen sprechen

1 Setze Silbenbögen und markiere das schwer hörbare **r**.

arbeiten	antworten	Birne	dürfen	darf	Garten
lernen	Partner	schwarze	turnen	warten	Wörter

2 Schreibe die Wörter aus Aufgabe 1 ab.

3 Sprich in Silben und schreibe die Wörter getrennt auf.

rollen		brüllen	
wollen		füllen	
essen		messen	
Klasse		stellen	

4 Streiche die Fehler an und schreibe die Sätze richtig auf.

Die Kinder antworten der Lehrerin. Die kinda antwoten der Lererin.

Alle wollen mit dem Füller schreiben. Ale wolln mit den Fuler scheibn.

In der Sonne spielen sie. In dea Sone schpielen si.

5 Streiche die Fehler an und schreibe die Sätze richtig auf.

Im Soma fligen vile Binen auf der Wise. Sie sumen laud.
Die blumen sind bund.

Vertiefendes Üben zu: vokalisiertem r, Doppelkonsonant und Fehlerdiagnose

Manche Wörter werden besonders geschrieben.
Sie haben schwierige Stellen, die du dir merken musst.

Solche besonderen Wörter kannst du üben:

- Kreise die besondere Stelle im Wort ein.
- Sprich die Besonderheit. *„dick" mit ck*
- Schreibe das Wort.

Übe die besonderen Wörter jeden Tag 10 Minuten:

1. Tag Kreise die besondere Stelle ein und schreibe das Wort einmal ab. So entsteht deine Übungsliste.
Übe immer in mindestens zwei Formen:
die Hexe – die Hexen, ich gehe – er geht, viel – viele.

2. und 3. Tag Überlege: An welche Wörter erinnerst du dich?
Schau sie dir alle noch einmal an und schreibe sie auswendig auf.
Kontrolliere, ob du alle Wörter hast.

4. Tag Schreibe die Liste neu. Beginne mit den Wörtern vom Ende deiner Liste.
Lies dir die Wörter durch und schreibe sie einmal ab.

5. Tag Überlege: Welche Wörter weißt du noch?
Übe die Wörter, die du vergessen hattest.
Schreibe jedes Wort dreimal auf.

Frühling
gehen – geht
Jahr
Uhr
Zahl
zahlen
zählen
Zahn – Zähne

1 1. Tag: Kreise das **h** nach dem Vokal ein.
Schreibe die Wörter ab.

der Frühling, wir gehen – er geht, das Jahr – die Jahre, die Uhr – die Uhren, die Zahl – die Zahlen, wir zahlen – er zahlt, wir zählen – er zählt, der Zahn – die Zähne

2 2. und 3. Tag: Decke die Wörter aus Aufgabe 1 ab und schreibe sie auswendig auf. Kontrolliere und ergänze die Tabelle.

2. Tag Diese Wörter hatte ich vergessen:	3. Tag Diese Wörter hatte ich vergessen:

3 4. Tag: Schreibe die Liste neu. Beginne mit dem letzten Wort aus Aufgabe 1: der Zahn – die Zähne.

4 5. Tag: Welche Wörter mit **h** nach einem Vokal weißt du noch? Schreibe die Wörter dreimal auf, die du vergessen hattest.

Wörter mit strummem h aus dem Grundwortschatz mithilfe der Übungsstrategie festigen; Routine: Markieren schwieriger Stellen, Abschreiben, auswendig Aufschreiben, Kontrollieren, Wiederholen

Besondere Wörter mit V/v

1 Welches **V/v** klingt wie **f**? Kreise ein.
Welches **V/v** klingt wie **w**? Unterstreiche.

viel

Vase

Vater

voll

Vogel

Vulkan

vor

Klavier

viel
Vase
Vater
Vogel
vor

V/v klingt manchmal wie **f** und manchmal wie **w**:
der Vogel, die Vase. Ich kann nicht hören, wie die Wörter richtig geschrieben werden. Deshalb muss ich sie mir merken.

2 Trage die Wörter aus Aufgabe 1 in die Tabelle ein. Kreise **V/v** ein.

Ich höre f und schreibe **V/v**:	Ich höre w und schreibe **V/v**:

3 Ergänze: vor oder viel ?

Ich stehe ______ der Tür. Ich habe ______ einer Stunde genascht.

Es gab ______ Eis. Heute habe ich nicht ______ auf. Hurra!

4 Übe die Wörter mit **V/v**, wie du es auf S. 75 gelernt hast.

Besondere Wörter mit ß

1 Trage die Wörter in die Tabelle ein und kreise **ß** ein.

weiß groß Straße Fußball heiß

süß Spaß grüßen Strauß

Fuß
groß

Nomen	Verb	Adjektiv

2 Kennt ihr weitere Wörter mit **ß**? Sammelt und vergleicht mit eurer Klasse.

3 Übe die Wörter mit **ß**, wie du es auf Seite 75 gelernt hast.

4 Setze die Wörter aus Aufgabe 1 richtig ein.

Es ist ein ______ Tag. Mehmet und Lena spielen ______ auf der ______. Da kommt Tom mit einem ______ ______. Alle Blumen sind ______. Tom ______ die beiden und fragt: „Na, habt ihr ______? Kommt, es gibt ______ Melone!"

Wörter mit ß aus dem Grundwortschatz richtig schreiben; weitere Wörter mit ß sammeln; Routine: Nomen, Verben und Adjektive erkennen

Besondere Wörter mit ai für „ei“, Qu und x

Ai, **Qu** und **x** sind Buchstaben, die ganz selten vorkommen. Es gibt nur wenige Wörter mit ihnen. Ich muss sie mir merken:
der Mai, die Hexe, die Quelle.

Hai
Kaiser
Mai

Hexe

Quadrat
Quatsch
Quelle

1 Kreise die schwierigen Stellen ein.
Schreibe die Wörter in deiner schönsten Schrift ab.

Hai	Kaiser	Mai	Hexe	Quadrat	Quelle

2 Übe die Wörter aus Aufgabe 1, wie du es auf Seite 75 gelernt hast.

3 Löse die Rätsel. Schreibe in Druckschrift.

Monat im Frühling:

reitet gerne auf einem Besen:

mächtiger als ein König:

anderes Wort für Unsinn:

großes und gefährliches Tier im Meer:

4 Bilde drei Wörter mit **x**. Schreibe sie mit Artikel daneben und kreise **x** ein.

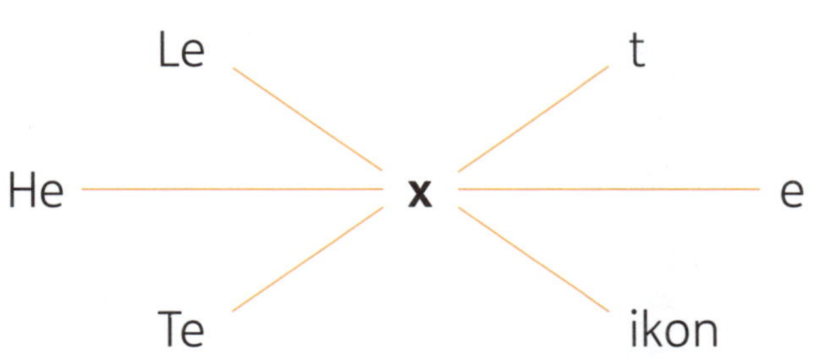

C und **y** kommen in Wörtern vor, die aus anderen Sprachen zu uns gekommen sind. Diese Wörter heißen Fremdwörter: *das Comic, das Handy*.

Computer
Clown
Cent
Baby

1 Kreise **C** und **y** ein. Schreibe danach die Fremdwörter in deiner schönsten Schrift ab.

Computer	Clown	Cent	Baby

2 Schreibe die Fremdwörter auf und kreise die schwierigen Stellen ein.

3 Übe die Fremdwörter mit **C** und **y**, wie du es auf Seite 75 gelernt hast.

4 Setze die Fremdwörter mit **C** und **y** aus Aufgabe 1 passend ein.

Auch ein ________ ist manchmal traurig.

Das ________ schreit viel.

Die Tante arbeitet oft am ________.

Ein ________ ist weniger als ein Euro.

5 Schreibe selbst Sätze mit den Fremdwörtern mit **C** und **y**.

Fremdwörter mit C und y aus dem Grundwortschatz richtig schreiben; Begriff „Fremdwort" kennenlernen und richtig anwenden

Besondere Wörter mit tz

1 Lies und kreise **tz** ein.

Tom sitzt und schwitzt. Er soll einen Satz mit „Katze“ schreiben. Das ist wohl ein Witz! Bei dieser Hitze? Er kratzt sich am Kopf.

Katze
Satz – Sätze
sitzen – sitzt

2 Ergänze die Tabelle mit den Wörtern aus Aufgabe 1.

Nomen	Verben
der Satz	er
	er
	er

3 Kreise bei den Wörtern aus Aufgabe 2 **tz** ein und markiere den Vokal davor.

4 Wie klingt der Vokal vor **tz**? Kreuze an, was stimmt.

Der Vokal vor **tz** klingt ☐ kurz und undeutlich. ☐ lang und klar.

5 Bilde die Mehrzahl der Nomen. Setze die Silbenbögen.

der Satz	die Sätze	der Schatz	
die Katze		die Mütze	

6 Übe die Wörter mit **tz**, wie du es auf Seite 75 gelernt hast.

7 Finde die Reimwörter. Kreise **tz** ein und markiere den Vokal davor.

sitzen	kratzen	setzen	nutzen
schw	pl	h	p

Besondere Wörter mit ck

1 Lies und kreise **ck** ein.

Die Mücke bäckt einen Kuchen. Das riecht lecker! Jetzt schnell den Tisch decken und mit einer dicken Kerze schmücken. Schon kommt ihre Freundin, die Schnecke, durch die Hecke.

dick
backen – bäckt

2 Schreibe alle Wörter mit **ck** aus dem Text ab. Kreise **ck** ein.

Mücke,

3 Übe die Wörter mit **ck**, wie du es auf Seite 75 gelernt hast.

4 Bilde die wir-Form der Verben. Kreise **ck** ein und markiere den Vokal davor.

er packt	wir packen	er bäckt	
er hackt		er guckt	
er pflückt		er lockt	

5 Wie klingt der Vokal vor **ck**? Kreuze an, was stimmt.

Der Vokal vor **ck** klingt ☐ kurz und undeutlich. ☐ lang und klar.

6 Welche Wörter sind verwandt?
Schreibe die Wörter mit gleichem Wortstamm in eine Zeile.

Päckchen | backen | Dickerchen | Bäcker | Packung

dicklich | Backstube | Bäckerei | dick | packen

Wörter mit ck aus dem Grundwortschatz richtig schreiben üben; Routine: Grundform von Verben finden und verwandte Wörter anhand des Wortstamms erkennen

Test 7: Besondere Wörter, Fehler finden und berichtigen

1 Schreibe die Wörter auf.

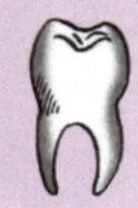   

2 Setze den richtigen Buchstaben ein.

Die (V/W)___ase (v/w)___ackelt im (V/W)___ind.

(V/F)___ater (v/f)___ängt einen (V/F)___ogel.

3 Finde in jedem Satz zwei Fehler. Streiche sie an.

Tom sitzt in der Schule und schreibt einen Saz. Dann soll er ein groses Kwadrat zeichnen. Aber der Schtift ist zu dik.

Ich kann schon ...	ja	nein	So will ich noch üben
... besondere Wörter sicher schreiben.	☐	☐	S. 84 ⟨1⟩ ⟨6⟩; 8 und 9
... Wörter mit **V**/**v**.	☐	☐	S. 84 ⟨2⟩ und ⟨3⟩
... alle Fehler in Aufgabe 3 finden.	☐	☐	S. 84 ⟨4⟩ und ⟨5⟩
... alles!	☺		18 und 19 mit besonderen Wörtern!

Überprüfen und Einschätzen des eigenen Lernerfolges zu: Wörtern mit Sonderschreibung und Fehlerdiagnose; angemessene Lern- und Übungsziele setzen: über Lernen sprechen

Weiterüben nach Test 7

1 Schreibe deine Fehlerwörter von Seite 83, Aufgabe 1 sorgfältig auf. Kreise die schwierigen Stellen ein.

2 Schreibe diese Wörter auf Kärtchen. Male ein passendes Bild dazu.

Vater	Vogel	Vase

3 Setze den richtigen Buchstaben ein.

V/v oder **F/f**?

(v/f)__or (v/f)__ünf (v/f)__ährt (V/F)__ater (v/f)__iel (V/F)__ahrrad.

4 Schreibe deine Fehlerwörter von Seite 83, Aufgabe 3 fünfmal in deiner schönsten Schrift. Suche noch andere Wörter mit **tz**, **ck**, **Qu**, **ß** oder **St**.

5 Schreibe die Sätze von Seite 83, Aufgabe 3 fehlerfrei auf.

6 Unterstreiche die Wörter mit **-h**. Schreibe die verwandten Wörter auf.

Im Frühjahr werden die Uhren umgestellt. Früher hatte ich eine Armbanduhr.

Tom geht jährlich zweimal zum Zahnarzt. Seine Zähne sind gesund.

Hohe Zahlen sind schwer zu zählen.

Vertiefendes Üben zu: Wörtern mit Sonderschreibung und Fehlerdiagnose

1 Könnt ihr das Abc? Sagt es euch einmal langsam und einmal schnell vor.

2 Trage die fehlenden Buchstaben ein.

Anfang	Mitte	Ende
A	I	R
H		
	Qu	Z

3 Spielt das Abc-Spiel, das Tom und Lena spielen.

4 Markiere in den Wörtern den zweiten Buchstaben.

Sport | Sonne | Salz | Suppe | Segel | Sieb

5 Schreibe die Wörter aus Aufgabe 4 nach dem Abc geordnet auf.

6 Schtein – Warum findet Lisa dieses Wort nicht in der Wörterliste?

das Abc beim Nachschlagen in Wörterbüchern und Wörterverzeichnissen nutzen

Diese Wörter brauchst du oft:
aber, als, also, auf, aus, bei, da, das, der, des, dich, die, dir, doch, du, durch, er, es, für, her, hinter, ich, im, in, ist, ja, mit, nach, nein, nicht, nun, oder, schon, sie, sind, so, über, um, und, was, weil, weiter, wer, wir, wo

Diese Wörter schreibst du so, wie du sie sprichst:
Aufgabe, Auge, Auto, baden, blau, Blume, Blüte, böse, braun, Brot, Buch, bunt, Dose, Ende, Ente, finden, Frau, Gemüse, grün, gut, haben, Hase, holen, hören, Hose, Kiste, laut, Löwe, malen, Name, Oma, Opa, Rabe, Raupe, rechnen, reden, Regen, rot, rufen, Salz, Schaf, Schere, schön, Schule, suchen, Tante, Telefon, Tomate, tun, weit, Wolf, Wolke, wünschen

Wörter mit Ei/ei: Ameise, Ei, Eis, fein, klein, leise, reisen, Seife, Zeit, zwei

Wörter mit Eu/eu: Euro, Leute, neu

Wörter mit ng: bringen, eng, Junge, Ring, singen

Wörter mit nk: Bank, danken, denken, krank, trinken

den Modellwortschatz nach orthografischen Regeln und Rechtschreibprinzipien sammeln und durchdringen; durch Ergänzen eigener Wörter zum individuellen Wortschatz gelangen

Wörter mit schwer hörbarem r: antworten, arbeiten, Birne, dürfen – darf, Garten, lernen, Partner, schwarz, turnen, warten, Wort

Wörter mit Sp/sp: sparen, spielen – spielt, Sport, sprechen – spricht

Wörter mit St/st: Stein, Stern, Stunde

Wörter mit Sch/sch: frisch, scheinen, schneiden, Tasche, Tisch

Wörter mit ch: brauchen, hoch, leicht, machen, suchen, Woche

Wörter mit Pf/pf: Kopf, Pflanze

Wörter mit Qu/qu: Quadrat, Quatsch, Quelle

Wörter mit -er: Bruder, Feder, Fenster, Schwester, Winter

den Modellwortschatz nach orthografischen Regeln und Rechtschreibprinzipien sammeln und durchdringen; durch Ergänzen eigener Wörter zum individuellen Wortschatz gelangen

Verbindlicher Wortschatz: Individuell erweiterbar

Wörter mit -el: dunkel, Esel, Gabel, Nadel, Nebel, Onkel, Pinsel, Wurzel

Wörter mit -ie: Biene, lieben, liegen, sieben, spielen, Wiese, Ziege

Wörter mit zwei Konsonanten in der Mitte: alle, Füller, Himmel, Klasse, können, müssen, Mutter, rollen, sollen, Sommer, Sonne, Wasser, wollen

Wörter mit Umlauten: Apfel – Äpfel, Baum – Bäume, Gras – Gräser, Haus – Häuser, laufen – läuft, Maus – Mäuse, schlafen – schläft

Wörter mit b, d, g am Ende, die wie p, t, k klingen: Bild – Bilder, bleiben – bleibt, Bub – Buben, fragen – fragt, Freund – Freunde, geben – gibt, gelb – gelbe, gesund – gesunde, Hund – Hunde, Kind – Kinder, Kleid – Kleider, leben – lebt, legen – legt, Pferd – Pferde, sagen – sagt, schreiben – schreibt, Tag – Tage, üben – übt, Weg – Wege, Wind – Winde, zeigen – zeigt

Besondere Wörter und Fremdwörter: Frühling, gehen – geht, Jahr, Uhr, Zahl, zahlen, zählen, Zahn – Zähne, Vase, Vater, viel, Vogel, vor, Fuß, groß, Hai, Kaiser, Mai, Hexe, Cent, Clown, Computer, Baby, Katze, Satz – Sätze, sitzen – sitzt, backen – bäckt, dick, Mädchen – Mädchen

den Modellwortschatz nach orthografischen Regeln und Rechtschreibprinzipien sammeln und durchdringen; durch Ergänzen eigener Wörter zum individuellen Wortschatz gelangen